Todos los libros de Linkgua Ediciones cuentan con modelos de Inteligencia Artificial entrenados por hispanistas. Pregúntale al chat de tu libro lo que desees acerca de la obra o su autor/a.

Para ebooks: Accede a nuestro modelo de IA a través de un enlace.

Para libros impresos: Escanea el código QR de la portada con tu dispositivo móvil.

Obtén análisis detallados de nuestros libros, resúmenes, respuestas a tus preguntas y accede a nuestras ediciones críticas generativas para una experiencia de lectura más enriquecedora.
La transparencia y el respeto hacia la autoría de las fuentes utilizadas son distintivos básicos de nuestro proyecto. Por ello, las respuestas ofrecen, mediante un sistema de citas, las fuentes con las que han sido elaboradas.

Francisco Núñez Muley

Memorial [en defensa de las costumbres moriscas]

Barcelona 2025
Linkgua-ediciones.com

Créditos

Título original: Memorial.

© 2025, Red ediciones S.L.

e-mail: info@linkgua.com

Diseño de cubierta: Michel Mallard.

ISBN rústica ilustrada: 978-84-9007-698-9.
ISBN rústica: 978-84-96428-78-2.
ISBN ebook: 978-84-9897-788-2.

Sumario

Créditos   4

Brevísima presentación   7
     La vida   7
     La rebelión   7

Memorial   9

Memorial en defensa de las costumbres moriscas   11

Libros a la carta   23

Brevísima presentación

La vida

Francisco Núñez Muley (Granada, 14...-15...). España.

En 1566 Francisco Núñez Muley escribió un Memorial al Presidente de las Reales Audiencia y Cancillería de la Ciudad y Reino de Granada para que detuviese la ejecución de la Pragmática que prohibía las costumbres moriscas.

Francisco es un personaje poco conocido, los escasos datos de su biografía nos llegan a través del propio Memorial donde afirma haber sido paje del arzobispo Talavera durante tres años alrededor de 1502. En 1513 Francisco Núñez Muley se entrevistó con el rey Fernando el Católico: «en dicho año de 13 yo fui entre otros caballeros de los naturales deste reino a negocios que convenía con Su Alteza del Rey Católico».

Y mantuvo después una posición de relevancia dentro de la comunidad morisca, siendo recaudador de impuestos.

La rebelión

El Memorial de Francisco Núñez Muley es una petición dirigida a las instituciones cristianas de Granada para que retirasen la prohibición impuesta a los moriscos de hablar en su lengua, vestir sus trajes típicos y festejar con música propia cualquier acontecimiento.

Francisco Núñez Muley ocupó un puesto de referencia en la sociedad morisca del siglo XVI y parece que provenía de una familia noble de Marruecos. Su Memorial significó el inició de la rebelión de los moriscos de la Alpujarra, y es un texto de referencia para comprender los conflictos entre el mundo islámico y el cristiano tras la conquista de Granada por los últimos.

La presente versión proviene de la *Historia de la rebelión y castigo de los moriscos del Reino de Granada* de Luis del Mármol Carvajal, libro II, capítulo IX, publicada también por Linkgua ediciones.

Memorial

Memorial en defensa de las costumbres moriscas

Cuando los naturales de este reino se convirtieron a la fe de Jesucristo, ninguna condición hubo que les obligase a dejar el hábito ni la lengua, ni las otras costumbres que tenían de regocijarse con sus fiestas, zambras y recreaciones; y para decir verdad, la conversión fue por fuerza, contra lo capitulado por los señores Reyes Católicos cuando el rey Abdilehi les entregó esta ciudad; y mientras sus altezas vivieron, no hallo yo, con todos mis años, que se tratase de quitárselo. Después, reinando la reina doña Juana, su hija, pareciendo convenir (no sé por cierto a quién), se mandó que dejásemos el traje morisco; y por algunos inconvenientes que se representaron, se suspendió, y lo mismo viniendo a reinar el cristianísimo emperador don Carlos. Sucedió después que un hombre bajo de los de nuestra nación, confiado en el favor del licenciado Polanco, oidor desta real audiencia, a quien servía, se atrevió a hacer capítulos contra los clérigos y beneficiados, y sin tomar consejo con los hombres principales, que sabían lo que convenía disimular semejantes cosas, los firmó de algunos amigos suyos, y los dio a su majestad.

A esto acudió luego por los clérigos el licenciado Pardo, abad de San Salvador del Albaicín, y a vueltas de su descargo, informó con autoridad del prelado que los nuevamente convertidos eran moros, y que vivían como moros, y que convenía dar orden en que dejasen las costumbres antiguas, que les impedían poder ser cristianos. El emperador, como cristianísimo príncipe, mandó ir a visitadores por todo este reino, que supiesen cómo vivían los naturales dél. Hízose la visita por los mismos clérigos, y ellos fueron los que depusieron contra ellos, como personas que sabían bien la neguilla que había quedado en nuestro trigo; cosa que en tan breve tiempo era imposible estar limpio. De aquí resultó la congregación de la capilla real: proveyéronse muchas cosas contra nuestros privilegios, aunque también acudimos a ellas, y se suspendieron.

Dende a ciertos años, don Gaspar de Ávalos, siendo arzobispo de Granada, de hecho quiso quitarnos el hábito, comenzando por los de las alcarias, y trayendo aquí algunos de Güéjar sobre ello. El presidente que estaba en el lugar que está agora vuestra señoría, y los oidores desta audiencia, y el marqués de Mondéjar y el corregidor se lo contradijeron, y paró por las mismas razones; y desde el año de 1510 se ha sobreseído el negocio, hasta que agora los mismos clérigos han vuelto a resucitarlo, para molestarnos por tantas vías a un tiempo. Quien mirare las nuevas premáticas por de fuera, parecveránle cosa fácil de cumplir; mas las dificultades que traen consigo son muy grandes, las cuales diré a vuestra señoría por extenso, para que compadeciéndose deste miserable pueblo, se apiade dél con amor y caridad, y le favorezca con su majestad, como lo han hecho siempre los presidentes pasados.

Nuestro hábito cuanto a las mujeres no es de moros; es traje de provincia como en Castilla y en otras partes se usa diferenciarse las gentes en tocados, en sayas y en calzados. El vestido de los moros y turcos, ¿quién negará sino que es muy diferente del que ellos traen? Y aun entre ellos mismos diferencian; porque el de Fez no es como el de Tremecen, ni el de Túnez como el de Marruecos, y lo mismo es en Turquía y en los otros reinos. Si la seta de Mahoma tuviera traje propio, en todas partes había de ser uno; pero el hábito no hace al monje. Vemos venir los cristianos, clérigos y legos de Suria y de Egipto vestidos a la turquesca, con tocas y cafetanes hasta en pies; hablan arábigo y turquesco, no saben latín ni romance, y con todo eso son cristianos. Acuérdome, y habrá muchos de mi tiempo que se acordarán, que en este reino se ha mudado el hábito diferente de lo que solía ser, buscando las gentes traje limpio, corto, liviano y de poca costa, tiñendo el lienzo y vistiéndose dello.

Hay mujer que con un ducado anda vestida, y guardan las ropas de las bodas y placeres para los tales días, heredándolas en tres y cuatro herencias. Siendo pues esto así, ¿qué provecho puede venir a nadie de quitarnos nuestro hábito, que bien considerado, tenemos comprado por mucho número de ducados con que hemos servido en las necesidades de los reyes pasados? ¿Por qué nos quieren hacer perder más de tres millones de oro que tenemos empleado en él, y destruir a los mercaderes, a los tratantes, a los plateros y a otros oficiales que viven y se sustentan con hacer vestidos, calzado y joyas a la morisca? Si doscientas mil mujeres que hay en el reino, o más, se ha de vestir de nuevo de pies a cabeza, ¿qué dinero les bastará? ¿Qué pérdida será la de los vestidos y joyas moriscas que han de deshacer y echar a perder? Porque son ropas cortas, hechas de jirones y pedazos, que no pueden aprovechar sino para lo que son, y para eso son ricas y de mucha estima; ni aun los tocados podrán aprovechar, ni el calzado. Veamos la pobre mujer que no tiene con qué comprar saya, manto, sombrero y chapines, y se pasa con unos zaragüelles y una alcandora de angeo teñido, y con una sábana blanca. ¿Qué hará? ¿De qué se vestirá? ¿De donde sacarán el dinero para ello? Pues las rentas reales, que tanto interesan en las cosas moriscas, donde se gasta un número infinito de seda, oro y ajófar, ¿por qué han de perderse?

Los hombres todos andamos a la castellana, aunque por la mayor parte en hábito pobre: si el traje hiciera seta, cierto es que los varones habían de tener más cuenta con ello que las mujeres, pues lo alcanzaron de sus mayores, viejos y sabios. He oído decir muchas veces a los ministros y prelados que se haría merced y favor a los que se vistiesen a la castellana, y hasta gora, de cuantos lo han hecho, que son muchos, ninguno veo menos molestado ni más favorecido: todos somos tratados igualmente. Si a uno hallan un cuchillo, échanle en galera, pierde su hacienda en pechos, en cohechos y en condenaciones. Somos perseguidos de la justicia eclesiástica y de la seglar; y con todo eso, siempre leales vasallos y obedientes a su majestad, prestos a servirle con nuestras haciendas, jamás se podrá decir que hayamos cometido traición desde el día que nos entregamos.

Cuando el Albaicín se alborotó, no fue contra el rey, sino en favor de sus firmas, que teníamos en veneración de cosa sagrada. No estando aún la tinta enjuta, quebrantaron los capítulos de las paces las justicias, prendiendo las mujeres que venían de linaje de cristianas, para hacerles que lo fuesen por fuerza. Veamos, señor: ¿en las comunidades levantáronse los deste reino? Por cierto, en favor de su majestad acompañaron al marqués de Mondéjar y a don Antonio y don Bernardino de Mendoza, sus hermanos, contra los comuneros don Hernando de Córdoba el Ungi, Diego López Aben Axar, Diego López Hacera, con más de cuatrocientos hombres de guerra de nuestra nación, siendo los primeros que en toda España tomaron armas contra los comuneros. Y don Juan de Granada, hermano del rey Abdilehi, también fue general en Castilla de los reales, trabajó y apaciguó lo que pudo, y hizo lo que debía a buen vasallo de su majestad. Justo es pues que los que tanta lealtad han guardado sean favorecidos y honrados y aprovechado en sus haciendas, y que vuestra señoría los favorezca, honre y aproveche, como lo han hecho los predecesores que han presidido en este lugar.

Nuestras bodas, zambras y regocijos, y los placeres de que usamos, no impiden nada el ser cristianos. Ni sé cómo se puede decir que es ceremonia de moros; el buen moro nunca se hallaba en estas cosas tales, y los alfaquís se salían luego que comenzaban las zambras a tañer o cantar. Y aun cuando el rey moro iba fuera de la ciudad atravesando por el Albaicín, donde había muchos cadís y alfaquís que presumían ser buenos moros, mandaba cesar los instrumentos hasta salir a la puerta de Elvira, y les tenía este respeto. En África ni en Turquía no hay estas zambras; es costumbre de provincia, y si fuese ceremonia de seta, cierto es que todo había de ser de una misma manera. El arzobispo santo tenía muchos alfaquís y meftís amigos, y aun asalariados, para que le informasen de los ritos de los moros, y si viera que lo eran las zambras, es cierto que las quitara, o a lo menos no se preciara tanto dellas, porque holgaba que acompañasen el Santísimo Sacramento en las procesiones del día de Corpus Christi, y de otras solemnidades, donde concurrían todos los pueblos a porfía unos de otros, cual mejor zambra sacaba, y en la Alpujarra, andando en la visita, cuando decía misa cantada, en lugar de órganos, que no los había, respondían las zambras, y le acompañaban de su posada a la iglesia. Acuérdome que cuando en la misa se volvía al pueblo, en lugar de Dominus vobiscum, decía en arábigo Y bara ficun, y luego respondía la zambra.

Menos se hallará que alheñarse las mujeres sea ceremonia de moros, sino costumbre para limpiarse las cabezas, y porque saca cualquier suciedad dellas y es cosa saludable. Y si se ponían encima agallas, era para teñir los cabellos y hacer labores que parecían bien.

Esto no es contra la fe, sino provechoso a los cuerpos, que aprieta las carnes y sana enfermedades. Don fray Antonio de Guevara, siendo obispo de Guadix, quiso hacer trasquilar las cabezas de las mujeres de los naturales del marquesado del Cenete, y rasparles la alheña de las manos; y viniéndose a quejar al presidente y oidores y al marqués de Mondéjar, se juntaron luego sobre ello, y proveyeron un receptor que le fuese a notificar que no lo hiciese, por ser cosa que hacía muy poco al caso para lo de la fe.

Veamos, señor: hacernos tener las puertas de las casas abiertas ¿de qué sirve? Libertad se da a los ladrones para que hurten, a los livianos para que se atrevan a las mujeres, y ocasión a los alguaciles y escribanos para que con achaques destruyan la pobre gente. Si alguno quisiere ser moro y usar de los guadores y ceremonias de moros, ¿no podrá hacerlo de noche? Sí por cierto; que la seta de Mahoma soledad requiere y recogimiento. Poco hace al caso cerrar o abrir la puerta al que tuviere la intención dañada; el que hiciere lo que no debe, castigo hay para él, y a Dios nada es oculto.

¿Podrase, pues, averiguar que los baños se hacen por ceremonia? No por cierto. Allí se junta mucha gente, y por la mayor parte son los bañeros cristianos. Los baños son minas de inmundicias; la ceremonia o rito del moro requiere limpieza y soledad, ¿Cómo han de ir a hacerla en parte sospechosa? Formáronse los baños para limpieza de los cuerpos, y decir que se juntan allí las mujeres con los hombres, es cosa de no creer, porque donde acuden tantas, nada habría secreto; otras ocasiones de visitas tienen para poderse juntar, cuanto más que no entran hombres donde ellas están. Baños hubo siempre en el mundo por todas las provincias, y si en algún tiempo se quitaron en Castilla, fue porque debilitaban las fuerzas y los ánimos de los hombres para la guerra. Los naturales deste reino no han de pelear, ni las mujeres han menester tener fuerzas, sino andar limpias: si allí no se lavan, en los arroyos y fuentes y ríos, ni en sus casas tampoco lo pueden hacer, que les está defendido, ¿dónde se han de ir a lavar? Que aun para ir a los baños naturales por vía de medicina en sus enfermedades les han de costar trabajo, dineros y pérdida de tiempo en sacar licencia para ello.

Pues querer que las mujeres anden descubiertas las caras, ¿qué es sino dar ocasión a que los hombres vengan a pecar, viendo la hermosura de quien suelen aficionarse? Y por el consiguiente las feas no habrá quien se quiera casar con ellas. Tápanse porque no quieren ser conocidas, como hacen las cristianas: es una honestidad para excusar inconvenientes, y por esto mandó el Rey Católico que ningún cristiano descubriese el rostro a morisca que fuese por la calle, so graves penas. Pues siendo esto así, y no habiendo ofensa en cosas de la fe, ¿por qué han de ser los naturales molestados sobre el cubrir o descubrir de los rostros de sus mujeres?

Los sobrenombres antiguos que tenemos son para que se conozcan las gentes; que de otra manera perderse han las personas y los linajes. ¿De qué sirve que se pierdan las memorias? Que bien considerado, aumentan la gloria y ensalzamiento de los Católicos Reyes que conquistaron este reino. Esta intención y voluntad fue la de sus altezas y del emperador, que está en gloria, para éstos se sustentan los ricos alcázares de la Alambra y otros menores en la misma forma que estaban en tiempo de los reyes moros, porque siempre manifestasen su poder por memoria y trofeo de los conquistadores.

Echar los gacis deste reino, justa y santa cosa es; que ningún provecho viene de su comunicación a los naturales; mas esto se ha proveído otras veces, y jamás se cumplió. Ejecutarse agora no deja de traer inconveniente, porque la mayor parte dellos son ya naturales, casáronse, naciéronles hijos y nietos, y tiénenlos casados; y estos tales sería cargo de conciencia echarlos de la tierra.

Tampoco hay inconveniente en que los naturales tengan negros. ¿Estas gentes no han de tener servicios?, ¿han de ser todos iguales? Decir que crece la nación morisca con ellos, es pasión de quien lo dice, porque habiendo informado a su majestad en las cortes de Toledo que había más de veinte mil esclavos negros en este reino en poder de naturales, vino a parar en menos de cuatrocientos, y al presente no hay cien licencias para poderlos tener. Esto salió también de los clérigos, y ellos han sido después los abonadores de los que los tienen, y los que han sacado intereses dello.

Pues vamos a la lengua arábiga, que es el mayor inconveniente de todos. ¿Cómo se ha de quitar a las gentes su lengua natural, con que nacieron y se criaron? Los egipcios, surianos, malteses y otras gentes cristianas, en arábigo hablan, leen y escriben, y son cristianos como nosotros; y aun no se hallará que en este reino se haya hecho escritura, contrato ni testamento en letra arábiga desde que se convirtió. Desprender la lengua castellana todos lo deseamos, mas no es en manos de gentes. ¿Cuántas personas habrá en las villas y lugares fuera desta ciudad y dentro della, que aun su lengua árabe no la aciertan a hablar sino muy diferente unos de otros, formando acentos tan contrarios, que en solo oír hablar un hombre alpujarreño se conoce de qué taa es? Nacieron y criáronse en lugares pequeños, donde jamás se ha hablado el aljamía ni hay quién la entienda, sino el cura o el beneficiado o el sacristán, y éstos hablan siempre en arábigo: dificultoso será y casi imposible que los viejos la aprendan en lo que les queda de vida, cuanto más en tan breve tiempo como son tres años, aunque no hiciesen otra cosa sino ir y venir a la escuela. Claro está ser éste un artículo inventado para nuestra destrucción, pues no habiendo quien enseñe la lengua aljamía, quieren que la aprendan por fuerza, y que dejen la que tienen tan sabida, y dar ocasión a penas y achaques, y a que viendo los naturales que no pueden llevar tanto gravamen, de miedo de las penas dejen la tierra, y se vayan perdidos a otras partes y se hagan monfíes: Quien esto ordenó con fin de aprovechar y para remedio y salvación de las almas, entienda que no puede dejar de redundar en grandísimo daño, y que es para mayor condenación. Considérese el segundo mandamiento, y amando al prójimo, no quiera nadie para otro que no querría para sí; que si una sola cosa de tantas como a nosotros se nos ponen por premática se dijese a los cristianos de Castilla o del Andalucía, morirían de pesar, y no sé lo que se harían. Siempre los presidentes desta audiencia fueron en favorecer y amparar este miserable pueblo: si de algo se agraviaban, a ellos acudían, y remediábanlo como personas que representaban la persona real y deseaban el bien de sus vasallos; eso mismo esperamos todos de vuestra señoría. ¿Qué gente hay en el mundo más vil y baja que los negros de Guinea? Y consiénteseles hablar, tañer y bailar en su lengua, por darles contento. No quiera Dios que lo que aquí he dicho sea con malicia, porque mi intención ha sido y es buena. Siempre he servido a Dios nuestro señor, y a la corona real, y a los naturales deste reino, procurando su bien; esta obligación es de mi sangre, y no lo puedo negar, y más ha de sesenta años que trato destos negocios; en todas las ocasiones he sido uno de los nombrados. Mirándolo pues todo con ojos de misericordia, no desampare vuestra señoría a los que poco pueden, contra quien pone toda la fuerza de la religión de su parte; desengañe a su majestad, remedie tantos males como se esperan, y haga lo que es obligado a caballero cristiano; que Dios y su majestad serán dello muy servidos, y este reino quedará en perpetua obligación.

Libros a la carta

A la carta es un servicio especializado para
empresas,
librerías,
bibliotecas,
editoriales
y centros de enseñanza;
y permite confeccionar libros que, por su formato y concepción, sirven a los propósitos más específicos de estas instituciones.

Las empresas nos encargan ediciones personalizadas para marketing editorial o para regalos institucionales. Y los interesados solicitan, a título personal, ediciones antiguas, o no disponibles en el mercado; y las acompañan con notas y comentarios críticos.

Las ediciones tienen como apoyo un libro de estilo con todo tipo de referencias sobre los criterios de tratamiento tipográfico aplicados a nuestros libros que puede ser consultado en Linkgua-ediciones.com.

Linkgua edita por encargo diferentes versiones de una misma obra con distintos tratamientos ortotipográficos (actualizaciones de carácter divulgativo de un clásico, o versiones estrictamente fieles a la edición original de referencia).

Este servicio de ediciones a la carta le permitirá, si usted se dedica a la enseñanza, tener una forma de hacer pública su interpretación de un texto y, sobre una versión digitalizada «base», usted podrá introducir interpretaciones del texto fuente. Es un tópico que los profesores denuncien en clase los desmanes de una edición, o vayan comentando errores de interpretación de un texto y esta es una solución útil a esa necesidad del mundo académico.

Asimismo publicamos de manera sistemática, en un mismo catálogo, tesis doctorales y actas de congresos académicos, que son distribuidas a través de nuestra Web.

El servicio de «libros a la carta» funciona de dos formas.

1. Tenemos un fondo de libros digitalizados que usted puede personalizar en tiradas de al menos cinco ejemplares. Estas personalizaciones pueden ser de todo tipo: añadir notas de clase para uso de un grupo de estudiantes, introducir logos corporativos para uso con fines de marketing empresarial, etc. etc.

2. Buscamos libros descatalogados de otras editoriales y los reeditamos en tiradas cortas a petición de un cliente.

Printed in Poland
by Amazon Fulfillment
Poland Sp. z o.o., Wrocław

69305522R10016